胡人诗选

欢喜地

胡人 著

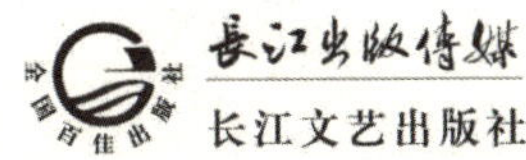

序 → 常识的宁静

潘维

从桂花树谈起，虽然俗套了些，但缘分恰好如此。

胡人和林霞就是在桂雨下开始的。

多么奇妙，一位湖南青年和江南黛玉牵手于电脑时代。

我暗自思量，也许这种耿倔与灵慧的差异，会产生诗意；

我错了，是打开了生命的格局。

我突然发觉，我多么爱他们。他们是我的亲人：弟弟和妹妹。

虽然表达爱并不困难，但也并非容易，尤其在夏日酷暑的蝉声里。

我记得，初次相遇，胡人还是浙大才子肖向云，在校园露台上，
一群人为星空朗诵诗篇。

后来，西湖让他留下了，他进了报社，可依然清瘦。

每次见面，几乎都是《野外》诗社的聚会；

那些同仁们：泉子、江离、炭马、飞廉、古荡、胡澄、道一、任轩、
老刀、谷雨、方石英、游离……构成了纯真年代！

哦，必须提到朱锦绣和盛子潮，他们是杭州文化客厅的水光山色。

其中，胡人忙碌着，低调，一种不事张扬的核心。

毫无疑问，他的诗如其人般简洁、严谨、明晰；

任何时候，他总在诗现场，维护着什么：

也许是事物的意义，也许是脆弱的隐痛，也许是风景的自然部分；

归根结底，他喜欢在一棵常识的桂花树下触摸世界，

他不是那种要把风筝线扯断的人。
做的美好，只有宁静才能拯救沉沦的一切。
我可以明确地告诉倾听的耳朵，他对现实语境的节制和整体
  平衡的把握
符合创造的准则。要知道，为此，心灵得几次脱胎换骨。
他写了一篇我的报道，把我描绘成一位柔和的家庭厨师，
并且，为我流水般的孤独做了广告；
现在，我把赞美还给欢喜地打开这部诗集的眼睛、心跳或者灵魂，
你们将进入常识的宁静，哦，你出来的时候
必定到了秋天，满身的桂香在秘密地影响你。

2013.7.18 杭州

目录 CONTENTS

辑二 ▬ 辣椒之歌

2007-2009→13 首

辑三 ▬ 欢喜地

2005-2006→12 首

辑四 消失的部分

2003-2004→14 首

辑五 那人不说话

2002→12 首

辑一 相对论

2010－2013→15 首

厨房之歌

黄昏，一场雨过后
太阳像一枚橘子
发出经文的光
厨房被照耀着
如一场开国大典
水槽里，蔬菜们露出年轻的脸
你抚摸着它们，像个母亲
是的，你有着广阔的胸怀
爱素食，盼望动物们回归自然
来世做一个好人

黄昏，你的厨房明亮，丰满
但不适合弹琴，跳舞
有时候，你轻唱民谣，念《金刚经》
或扭腰锻炼身体
你有多欢喜，世界就有多美好
霞光中，一个退伍军人在窗外走过
他早已扔掉了枪支
将在三天后迎娶一名新娘

当抽油烟机停止转动
电视新闻里的战争也平息下来
独裁者将被抓获,送上审判台
“失去民心的政权必定会垮台,且是迅速的”
当我高谈阔论,你正在擦拭灶台
此刻,你更为关心的是
我的倔脾气,何时像空心菜一样变得细软

2011.8.26 给妻子林霞

相对论

苹果可以使人进步
灯光发明了更多的眼睛
三十岁之后
我们停下来，仿佛被瞬间鞭策成人
我们有了厨房、皱纹
和一屋子的音乐
在陌生人群中，也能够侃侃而谈

我们可以使雨天变晴，粮食增产
我们吃下去，像外交部长一样聪明
有时候，我们会梦到去了另一个国家
那里牛羊遍地，自给自足
像1840年前的清王朝
我们要么带去大炮，要么俯首称臣

我们最终走上了山冈
那么多的树木
那么多的岩石
它们有宪法和公积金吗？

当我们八十岁,去看海
想说说我们的一生
却什么都说不出来了
只有大海依然浪花翻卷,向东流

2010.9.26 给"野外"诸同仁

梦之诗

我们一直在寻找幸福
可是幸福，不在新闻联播里
在梦里

一些人功成名就
却并不幸福
如同那被高高举起的画像
仔细一看，是遗像
或者，接近遗像

又一个春天来到
大人告诉孩子
要有梦，有梦才幸福
唉，他们其实明白
如今，勤劳致富和成为老大的难度越来越大了

只有在梦中，人们纷纷跑向子午线
去追求幸福
对此，所有的神都无能为力

2013.6.1

在单位食堂

午后,过了员工就餐的时间
年轻的厨师们围坐在我的邻桌
开始吃饭,聊天
他们热衷互相揭短,发出阵阵笑声
我也不时地偷笑
有一个快速地吃好饭,抽起了烟
对此我并没有产生反感
我很久没有倾听陌生人的谈话了
我仿佛成为他们中的一个
一位说去看了电影《北京遇到西雅图》
引起了众人的兴致
另一位腼腆的、略带口吃的小伙子
小声地说去听了一场音乐会,
并说出“贝多芬”这个名字时
引来一阵嘲笑声

他们全部用好了餐
每个人都亮出手背或者手心
来决定谁将众人的碗碟送往回收处
“噢,你中奖了”

在一阵欢呼声中，那位谈及贝多芬的年轻人
一边收拾众人的碗筷
一边憨笑着说:“为人民服务！”
我也端起托盘，跟在他后面
像是跟随着一个导师
当然，对于我的欣赏，他并不知情

2013.4.7

白乐桥[1]之夜

冬夜,白乐桥鲜有路人
唯有几只草狗在叫唤着
以及晚间新闻里
法军正与马里反政府武装激战
你沉默着,也没有食欲
低头对着自己的大肚子
哼起了童谣
唉,作为乐观主义者
我依然不能消除你的不安
而让人欣慰的是
在太监消失了百年之后
劳教制度也有望废除了

夜深了,战争暂时停歇下来
狗也不叫了
你在沙发上睡着了
我给你盖上毯子
去门外溜达
天空似乎亮了起来
连日的雾霭有散去的迹象

一些在附近餐厅工作的年轻人刚下班
追逐着，嬉戏着
我暗自赞美他们
并分享了他们的快乐

注①：白乐桥，杭州灵隐寺旁的一个农居点。

2013.1.16 给孕中的妻子林霞

雪中情

新年,大雪来了
孩子们堆雪人,打雪仗
我小时候也这么干过
现在,我已经不再激动了
我只是抬头看天
天依然灰蒙蒙的

大雪中,多数人还得上班
大厦里,少数人面无表情
新年到了,他们还是不能升官发财
只好呵斥迟到的年轻人

2013 年的第一场雪,很大
家长们穿得厚实
去召唤孩子们回家
但没有什么效果
显然,雪花要比糖果诱人
于是他们纷纷伸出了拳头

2013.1.5

一个人站在街上

下午,秋风匆忙地吹起
人们纷纷加快了脚步
生怕被吹到 1978 年前
但走得越快,道路越漫长
红灯越多

走着走着,风停了下来
我也跟着停了下来
离约定的时间还早
我为何这么匆忙
我站在大街上,打量不完整的世界
有时候,我看看天空
除了几只鸟飞过
没有什么思想、理论和观念

我在街上站了好一会
秋风又吹起来了
人们加快了脚步。我也是

2012.10.29

立春：将进酒

雨止，诸多人事消隐
包括奶粉，过多的利润
怀念与谈论也将变黄
雨后就是晴朗
尽管真正的春天遥远
虚弱的人，要多穿一点
仔细看脚下的路，爱身边的人

国家从不缺乏抱怨和装甲车
立春了，江水尚未变暖
当我们翻阅报纸
别轻易流泪

立春日，大人物笑里藏刀
俗子们喝烈酒
花将重回枝头
你将有更深的爱
而天空神秘，莫言

2012.2.4

月亮传说

和江离《论月亮》

几千年了，人们都在望月
赞美它，说里面有个嫦娥
一个等待爱情的女人
人们忧郁了，或者高兴了
都喜欢给月亮一个说法，加一件衣裳
譬如李白的月亮
常用来思念故乡
其实他思念完了就把月亮扔到了窗外
人们却吟诵至今

现在好了，我们可以坐飞船去看看月亮
哦，月亮其实并不亮
黑乎乎的，到处都是石头、沙尘暴
差点要了我们的命
原来也是一个鬼地方

我们离开了月亮
不带走一点尘埃
回到了喧嚣的地球
继续喝酒、争吵，做无神论者

有时候，我们还是会抬头看看夜空
月亮越发孤独了
给它戴上红领巾，也无动于衷

2011.11.4

奔跑的中国

多少年了，我们习惯了奔跑
奔跑着吃饭，谈恋爱
奔跑着握手，睡觉
一路上，风
吹坏了我们的皮肤、肌肉
骨头也松散了
我们浑然不觉
稍一停留，就要被鄙视、践踏
我们必须奔跑
脚烂了，眼睛瞎了
还在奔跑

一路上，良辰美景如同虚设
享受人生只是一句口号
有的跑到了八十岁，还是面黄肌瘦
有的刚刚起跑，就夭折了
一路上，哭声不断，白骨皑皑
譬如这个夏天的夜晚
在风雨和雷电中
人们和火车一起奔跑
奔跑着打电话，发短信，写微博

但他们不知道，中国跑得太快了
他们乘坐的火车太累了，跑不动了
而后面的火车还在继续奔跑

多少年了，中国一直在奔跑
速度越来越快
没有人可以停下来
如果你胆敢停下来
就可以看到美景了
就可以看到死神了

2011.7.30 给“7.23”温州动车事故遇难者

我听到有人在唱歌

深夜里，一阵歌声
在小区里飘荡
它是失眠者的海鲜
而对于更多的人，也许是一把木梳

歌声若有似无，如风
在深夜里唱歌，需要风的力量
风最自由，想吹向哪里就吹向哪里
可以把沙子吹进你的眼里
也可以吹走你内心的不安

深夜里的歌声
如风在大海中
吹动帆
将你的船吹向一个小岛
那里有着五百年前的文明
他们用自酿的美酒招待你

深夜里的歌声
让你飞起来

停在遥远的地方
你很久没有去远方
甚至没有去登高看看

歌声无所不能
歌声如神音
在歌声中
走出来吧，或到阳台上
抬头看一看夜空
你很久没有仰望夜空了
如果你仰望
天堂像一片白色的海

2011.5.16

我想和另一个我谈谈

有时候,我想和另一个我谈谈
随便谈什么都可以
但必须心平气和
就像人们在谈论天气
愿望明天会更好
但雷雨并不停歇
我也许会谈及一场无名的争吵
谈及阳台上发育不良的植物
这些不过是一种前奏
我的内心一定有渴望被谈及的事

深夜里,我一个人在阳台上坐了很久
东想西想的
显然,还是缺乏交谈的气氛
不远处的吊机还在施工
天空只有寥寥数颗星

多少年了
我如同一只气球
假如能够像大鹏一样停在塔顶

我能接受一个祝福吗
在切菜的时候
我能感觉到维生素的心跳吗
一棵枯树,里面有蚂蚁的巢穴
也有一个温暖的春天

我的身体越来越细小
一场雨过后,就感冒了
还不如一块山里的石头
太阳越强烈,雨水越凶猛
它愈有力量、光芒

我开始尝试与自己交谈
但面对黯淡的天空
还是不知道谈什么
就这样坐了很久很久
渐渐地,渐渐地
远处的灯光柔和起来
大地一片宁静

2010.7.11

风吹过

风翻卷起不远处的江水
风是智慧的神
风使这个盛夏的清晨有了神的气息
我站在高楼的露台
从来没有如此安详过
像是回到了童年
在田野上奔跑
太阳拉长了我的小影子
在那片向阳的山坡
有斑鸠在林中鸣叫
我忘却了大人的叫唤
以为来到了神的居住之处

好久没有遇到这样舒服的风了
风吹过远处的灯塔
风吹过高楼
风吹过我的额头
我闭上眼
仿佛飞跃了起来
但并不坠向大地

我看见了那在高处的神
那里一片寂静,光芒涌动
我好久没有看到这样的光了

我睁开眼,风又呼呼地吹过来
世界如此干净,清晰
但风终将停下来
风停下来的时候
我看到一只白鸥
在江面低飞,徘徊
最后消失在浅浅的晨曦中

2010.8.14

卖白兰花的老妇人

她生于民国二十六年
旧时的衣服上
绣着飞禽走兽
她终身未嫁
经历了战争、大跃进和改革开放
依然贫穷

有时候，她会坐下来小憩
抚摩那条疼痛的腿
向不远处的清洁工微笑致意
她的脸色苍白
她的额头上有个架子鼓

红灯亮起时
她站起身
在车流中若隐若现
在清晨的阳光中
她像一根蒿草
如果有一阵风
她可能会飘起来

在城市的上空
蹁跹如燕子
满怀心事赶路的人
将看不见她

2010.9.10

舟行余杭塘河

黄昏有着布道者的神态
叶子落下来是一种气度
在空中生活久了
就会忽视地上的蚂蚁
忘记水里还有鱼

舟行余杭塘河
人们一会儿静默
一会儿喧嚣
有人还说几句粗鲁的俚语
并不引起愠怒
多少年了,当我们相聚
习惯于露出笑脸
桃花开了,就说好一个春天
个个都彬彬有礼
似乎都是君子

船继续往西,周边人迹罕至
像是到了尘世外
这个时候,你会不会心中默念:

我愿化作一缕青烟

直上云霄九天

2010.10.17

辑二 辣椒之歌

2007-2009→13 首

台风来了

你在下午穿过街心公园的时候
碰到过一只松鼠吗
它有着古罗马皇帝的威严
而你怯懦得像一根拐杖
蓝天，白云，世界看上去井然有序
但你并不知道天上也有黄鼠狼
马路上的窨井盖不时地发出“咣当”的声响
像一个初生的婴儿
被大人们亲吻，抚摸
不能说出不满

红灯停，绿灯行
许多人并不尊重这些规则
他们的潜意识里还是个军阀
以为有了枪杆子
就可以击毙在他前面唱歌的鸟
如果你在场，你会原谅他们吗
但你并非圣人，你顶多是一只蜜蜂

人们在街上走着走着，风雨就来了

台风屡次来到这座海滨小城
但从未带走一个人的命
然而这一次不同了
台风带走了人们的爱与恨
连那巨大的美女广告
也在风中缩成了猫的模样

2009.8.17

风和日丽

站在保俶塔顶向下看
（事实上是不能上去的）
人们像一个个肿块，矮小而可怜
宝石山不是狮子或者丫环
再往下看，断桥不见了
西湖是一面生锈的铜镜
这时候伤悲的人，都是虚伪的人
在你被抢劫之前
你与劫匪没有什么区别

在东南方的广场上
有人在呐喊
其实，嗓门越大，内心越虚弱
在雨季，人们怀念风和日丽
但真的好天气来了
他们更不安分
仿佛统治阶级
将要大祸临头也浑然不觉

2009.8.18

余杭道中·白鹭

白鹭的叫声将时间后推两千年
一伙人在羊肠路上行走
领头的是一个柔弱的书生
他有着青石板一样的脸色
但他走路时,并不看地上的积水
——风雨和名利一样可以忽略
他要去什么地方?
他和身后的挑夫都不知道
一路上,有许多陡坡和花朵的致意
亲人和仇人都远在天边
他有时候会停下来
看看四周的风景:
不远处,白鹭的飞行也没有什么章法
有时候它们从一个山头飞到另一个山头
又飞落在宽阔的田野上

2009.7.25

余杭道中·仓前

如果有一把琴
他会将灰色的天空弹成布满星星的夜晚
他不为人知
和五百年后的你一样
怀才不遇
但这没有什么抱怨的
官员或者要造福一方
或者在权力和美色中虚度时光
他放弃了琴瑟
但不回故乡
在一个叫仓前的小镇
他有了妻室和坟冢
这样的故事,史书并不记载

2009.7.25

桂花树下有仙女

香气从四面八方赶来
完成一个羞怯的拥抱
月亮在斜坡上跳舞
光影散乱
如同我看你时,有着十七岁时的脸红

你是天上的,仙家的
现在,你是我的,小女人
倘若回到三年前
我宁愿是一个土匪
这年年开花的树,早就是我的了

当庭院有了光
不论你的身体弯成什么样
都是好看的剧本
加上我的掌声
世界清明,五谷丰登

2008.10.18 给林霞

吃冰激凌的少女

夜晚哈巴狗一样吐着热气
汽车在红灯处打盹
吃冰激凌的绿衣少女步履轻盈
她走过去，街道成了河流
通向辽阔的草原
打架的人，握手言和

那无边的绿色，在街灯下跳跃
如果有人对此无动于衷
将被狼群攻击

紧接着，喇叭声覆盖了她
街道恢复了平坦与僵硬
这没什么关系
一些人的内心，必定有杨柳
习习的凉风
一座城市
有了一条早晨般的路

2008.7.24

向西五千里

向西五千里
那些蹦蹦跳跳的孩子
那些花朵一样开满街边的少女
深深地睡着了
人们的呼喊,挖掘机的声响
他们都听不到
那些陌生的名字
头一回与我们有关
仿佛还带着体温
在我们身边说:
活着的人,要常出门
和邻居说说话
看看亲朋好友和远方的风景
在路上遇到石头,要心平气和

日子一天天过去了
死亡的数字继续在增长
总有一些人不能健康平安活到老
所以,不要悲伤
让我们祈祷,祝福

那些死于非命的人
他们的灵魂将得到安息
天堂不会摇晃
有一天,我们将和他们相会
那个时候
我们的家园更美了
孩子们更多了,并相亲相爱
囚犯们也改过自新

向西五千里
许多年以后,那里天高云淡
依然有着神的光辉

2008.5.15 给汶川地震遇难者

荒芜之地

我对命运知之甚少
这些年,我在一幢大厦里
从事文字工作
站在17楼,能看到一条大江
以及挖沙船
有时候,我也感到快乐
在五楼的游泳池里,听到了大海的声音

每一年,都会来一些新人
打扮时尚,常常在洗手间的镜子前
停留许久
每一天,都有一些名字
和废纸一起被扫出去
就像有一天
这里人迹罕至,老鼠横行
仿佛我未曾来过

2007.8.24

我们的命运

夜雨中,又一个人被杀了
人们拍手称快
这不仅是一个游戏
某日,我们都可能死于意外

别想躲进深山
还没来得及爬树,动物们就出现了
“我出生在这里啊”
你哭喊着,但你的身份不能得到承认

陌生人,如果你要来到此山中
须斋戒数月,在潭水里泡上数天
不能想念电脑,不能谈情说爱
你将被允许吃野果子
但必须限期离开

也许你是一个好人
依然不得善终

2007.7.27

观皮影戏者

你默默地注视
眼花了不要紧
这会儿不恍惚,就不能再恍惚
像蜗牛,只有在梦中
它的壳才会被吹走,飞起来
跟着唱一唱如何
还可以喊出来

不要诧异有人失声痛哭
有人爬在树梢上,像一个大侠
这不是梦游
他唱:在更高处生活
很孤独,但不会迷失方向

直到唱的人不再唱
直到灯也灭了,人也走了
你不走,回头看
有影子飘过,“吱呀”地响

2007.6.21

我能够……

我能够弃车而走
在马头墙下看风景
身体坏掉了,这是必然的
如今,到处都有我熟悉的面孔
我能够笑出声来
和你们打扑克,驱赶蚊子
当我在野外的时候
花开得更热烈
有更多的年轻人在亲吻
麻雀东一只西一只
啄食香甜的面包屑

多少年了,我能够一直爱你们
并离开你们
有一天,我能够死在异乡
没有你们的挽歌,我也能够安息

2007.5.22

泥土之歌

他的身体因缺少泥土而不适
他一边咳嗽，一边挥动锄头
草地下，到处是金属、塑料瓶……
要挖到地下三十米
才能停下来，才可能看见
那些泥土，稻谷一样的泥土
干干净净的，散发着香味
多少年来，他吃不到这样的泥土了

他疲倦地躺下来
闭上眼睛，不去看灰蒙蒙的天
高速公路上的人们
个个面黄肌瘦，开着车，不知去向

2007.4.19

辣椒之歌

有一天,我醒来
村庄里就剩下我一个人了
白天,税务所的官员不来
晚上,鬼也不来游荡
我一会儿欢喜,一会儿伤悲
水一会儿流动,一会儿结冰

有一天,我看见
一个人远远地走进我的村庄
那是一个过路的人
他看见我,跑得比兔子还快
紧接着,风雪来了

夜晚,我在煤油灯下
撰写回忆录。那些花枝招展的女人
一个个面容模糊了

哦,现在,我关心的
是五百米之外,那片自留地
那些小辣椒

在荒芜的大地
还是那么青葱
味道肯定好极了
给我一座城池也不换

2007.1.14

辑三 欢喜地

2005–2006→12 首

祈 祷

孩子们在小区里嬉戏
不远处,老人们在微笑
多么干净的秋天
麻雀在草丛地寻觅食物
有时候,它们飞到静止的汽车上
从那清脆的叫声中
我却听出了悲伤:
一些人不能健康长大
就像那翠绿的枝叶
不经意间就掉落在地上
没有几个人会去留意

哦,孩子们
我将为你们祈祷
在每一个没有落日的黄昏
我的眼睛,充满了神的光芒

2006.10.1 给侄儿君可

归田园居

七八丈的土地
可以种上好多种蔬菜
在雨季来临前,挖好排水沟
除草的时候,别光顾吹口哨
小心碰倒蚂蚁垒起的小山坡

还不能走远,江对岸
猴子们在争抢腐败的食物
车祸也时有发生
我敢肯定,不论天气好坏
那边都糟透了

站在屋顶眺望
在地窖整理番薯
不知不觉天就暗了
有时候,打开栅栏
对于路过的狐狸、猫
我将赠以宽大的芭蕉叶

2006.9.16

在天上散步

马路的一侧被隔离起来
民工关上灯离去
只有我一个人
青蛙也不见
像在火车站,一回头
大人就失踪了
而从此后,孩子得到自由
大大小小的路
可以随便溜达
甚至去荒郊野外
那里没有红绿灯和佩着枪的警察
闭上眼也不会遭遇车祸
或被女人暗算
河水在欢快地流
柳枝轻轻摇曳
我慢慢地走,在天上走

2006.7.9

欢喜地

清晨的鸟是快乐的
我的欢喜比不上
趁人们未醒
它们练习飞行和歌唱
这个小地方
敌人从来不光临
我和这些鸟，算是找对了地方

五十米以外，就是宽阔的街道
中午，汽车排成长队
阳光在地上打滚
不适合植物的生长
到街道另一侧去
要多走点路，绕道而行

2006.7.9

天 涯

这一路上，日子不断地碎裂
在坏天气里飞
有一些，退回到青春期
像门前飘摇的柳絮
有人拿它们讨女孩子的欢心
这是美丽的，不会被泥浆淹没
天晴了，眼睛也温暖
适合表达，出游
所以对于美，我从来不吝惜笔

但是相当长的时期了
早上醒来，推开窗户
山上一片光秃，春天那么遥远
没有了兔子，所以没有山歌
我的天涯，在乱石堆里逛
在风雪来临时，缩成鞋

2006.2.13

醒悟

清晨,在梦睡中的人
被鸟叫声唤醒
露出嗔怪的笑容
四周,都有了动静
我想起,这不是小时候
伙伴们有的病死了
有的将被追捕,击毙
我该庆幸还是悲伤:
出门后,在人群中
我像一个猴子
而清晨的雾霭很快就散去

2005.11.19

陌生的旅程

30 年了,我把平坦的路走得陡峭
风像一条狗
衔来沙石、荆棘
哦,这并不凶恶
人生是陷阱
假装美丽而多彩
我明亮的眼睛,陌生的旅程
都将消失在夜色中

2005.11.19

偏北风

偏北风,吹过整齐的农田
男人光着膀子,显示出良好的黑
有时候,他们还唱起情歌
数落别人的房事
女人低下头,偷偷地脸红
她们的身子像泥鳅
长发像乌云
这是一个难得的阴天
偏北风不紧不慢
葡萄架下,青蛙的鼾声正浓

2005.7.9

晒谷场

正午,动物躲进洞穴
神也休息了
只有孩子们精神抖擞
在晒谷场上战斗
汗水浸透了小肚兜
脸红得像猴子屁股
大人一边把水泥地上的谷子
翻过来晒,一边嗔骂:
太阳这么大,还晒不烊[①]你们

黄昏,人们各自把小孩连同谷子
扫进箩筐
炊烟升起时,太阳正好落下山
晒谷场空荡荡的
趁天黑下来之前,母鸡和麻雀
争抢地缝中的谷子

注①:湖南方言,熔化之意。

2005.7.9

停电的夜晚

这时候,一根蜡烛成为花旦
众人的舞蹈均围绕着它
赞美自己的父母、爱人、子女
即是对它的祝福
多好的人民
还有这夜色和玉兰的香气
都可以讴歌
我们承认,自从有了灯光,就不安分
花多了,就凋谢,散落一地
不被心疼
好了,停电了,这是个机会
我们将烛光熄灭
去院子里纳凉,被老鼠嘲笑或宽恕

2005.7.4

纳凉者

傍晚,热浪依然笼罩着城市
纳凉者开始咒骂老天爷
梦寐以求的新房到手了
他们声称宁愿不住,要到山上去扎个凉棚
还可以闻青草的味道
他们想得倒挺美

夏天的夜晚多少有点沉闷
这群无所事事的人
一个个像当过厂长
在众人的吹捧中,某老唱起了京剧
掌声越热烈,他越来劲

呵,我也将是他们中的一个

2005.6.4

生于音乐

这节奏，让我向往山里的泉
它无意流过我的家门，平日里
我烦恼，孤独，也不去欣赏它明亮的身体
它流过岩石，溅起水花
又落下来，彼此从不吵嚷
这让我有点羞愧
如果生于音乐，我于是像一只鸟
风吹过我的耳朵，将长出翅膀来

2005.2.2

辑四 消失的部分

2003-2004→14 首

后 来

某一天,一群人靠近了我的地盘
雪落了一夜,不覆盖我
我被挖了出来,像一颗荔枝,色泽很不错
人们发出惊叹:我们可耻吗?
后来,我被装入一个小盒子里
不能翻个身,看看路上的风景
这盒子,被一个英俊的小伙子抱着
他的疲倦里残留有泥土的香味
他靠着车窗,做了一个梦:
他的母亲,还是那么迷人
追求者互相残杀,一个个死去
呵,他那迷人的母亲,在和我谈恋爱
我们在河流边亲吻,仿佛他不存在
后来他醒了,他有点郁闷

2004.12.22

十二月

十二月落下来
梧桐叶子落下来，使人惆怅
恨不得时光回到某一天
换一个新的想法
也许一分钟就够了

这么丰富的叶子，在十二月
这么快就被扫进垃圾车
使某些人的惆怅更多
只好装作在赶路
瞧，那些捂紧了衣服，不旁观，
匆匆行走的人，最心虚
在红灯处，风又沙沙地吹起来
他们随手掸掉落在围巾上的叶子
露出了红红的脸

2004.12.10

傍晚时分

他们走过去,带起一些尘埃
他们身上的汗味,我也有

他们有时会闯红灯
我不能责怪他们
汽车小小的停顿和抱怨
将很快消失。这年头,没什么可记恨的

后来,我拐进小巷里
不远处的学堂响起了铃声
孩子们走出来,相互说再见
他们把手递给大人
蹦蹦跳跳的,微笑着
好像将去一家糖果店

2004.11.4

一个梦

昨夜在梦里看到
母亲疲倦的样子
跟过去的操劳不一样
她无所事事，早没了忧愁
她的睡眠简单、轻飘
这让我不安
被她一次次擦洗过的家具
很有秩序
门窗关着，风进不来
不发出声音
有时，我想去她的梦里走走
跟陌生人打架，在路上跌倒几次
让她操心

2004.10.4

消失的部分

他作为一个富商，也作为一个农民
这没关系，我认识他一贯的悠闲
稍稍不同的是，他在农庄劳动的姿势
颇像我多年前的爷爷，安详的老树
皮肤不黑也没关系
光阴荏苒，夜色也一天天推迟了黑
形式的变化完全能够接受
去乡野，我可以帮他给长大的小鸡做个更舒服的窝
温习一些蔬菜的特征
聊到太阳落下山时，他站起身去做饭
在傍晚的线条画里
他走路的姿势看上去舒服多了
在清晨，公鸡叫醒他和他的土地
那些消失的部分
在一点一点地浮现
我赞美它们

2004.6.26

新 生

躺在椅子上看书
不时地打个盹,想想过去的人
想想一些信件,几次远行
一个个烂了的橘子
它们都是我的统治者,滚动的轮胎
想象有点美好、可怕
有一次,我梦见自己
死于一场火灾
送葬的时候,亲人们一路流下眼泪
叫喊着我的乳名
几乎把我哭醒

2004.5.30

往 事

早上路过河畔的时候
看见很多的草都开了花
有些花还落在水上，如果有鱼多好
它们会像我一样喜欢这些新鲜的空气
减少一点厌恶
它们快乐无比，生活清白
不像我
常常被西去的火车惊醒
那长长的鸣叫声里，有她匀称的呼吸

2004.3.30

纸 杯

悲伤往往无处表达
听很忧郁的歌，把自己丢进纸杯
我们不能不庸俗
不坐汽车，不上班
啊，这个冬天变得暖和
柳树还带着绿，像我们的身体
创造力在悄悄溶解
也许会被人不经意地记住它们的光芒
下班了，我们离开房间，去另一些房间
剩下那些纸杯，他们的闲言碎语
将被清洁工带走，带到黑暗处

2003.12.24

生日之诗

我仿佛爱上了工作
按时上班，携带着沉重的公文包
以及小小的病痛
但不伤心，不移情别恋

我眼睛里常常充满光辉
规规矩矩，待人谦和
如今，我更像一个文明的百姓
一个心理善良的老者
只铭记人生中的美好部分
譬如那些乌黑的卵石
许多贝壳、留言纸片
它们将保佑我和树上的鸟一样健康长寿

2003.9.26

观 潮

潮水过去了
丢下我，一只足球，被任意踢
这不仅仅是我的幻象
潮水一定卷走了什么
包括许多的信念，紧挨着的影子
手拉着手的感觉
这是真的。一个人把另一个人开除
不论在晴天，还是潮水扑面而来
手随意一挥
另一个人就会比灰尘更卑微
而富于冒险的人们
只是不断地被提醒：不要站到潮水能涉及的地方
没人会埋怨它的硬心肠
包括我，一直那么爱憎分明
而潮水走了，卷走了我对生活的恨
紧接着秋天就到了
那清一色的礁石，安静的阳光

2003.9.13

鸟继续飞走

一只只鸟，飞走了
还在冬天，它们就离开我
哦，你的家乡，茅草枯黄，给它们搭个小窝吧
它们会喜欢上那瓷器般的干燥
南方的雨水，把它们喂得脆弱
它们可能会一直歇下去
等候另一些鸟飞向它们

一只只鸟飞走
但我记得，它们来的时候
看起来比我更伤感
它们不再留恋我的家
还有什么不可以放弃的
包括我个人的命运
甚至我对鸟的希望与忧虑：
它们口渴了吗
也许正被另一群鸟追杀
如同我的不幸，散落一地的秕谷

2003.5.30

在风中玩耍的孩子

在风中玩耍的孩子跟风是好朋友
他的小手一张一扬
要么像个政治家,要么将成为一个诗人
他怀抱着小面积的风
模仿妈妈抱他的姿势
风太大了,我佝偻着腰
牵着孩子要回家
那风吹过来,扬起许多沙尘
孩子揉了揉眼睛说:
天空会像我一样疼痛吗
他站在风中,像个知识分子
但他指挥不动风朝哪个方向吹
站在风中的孩子对我说:
风一定是病了
我要叫妈妈去为它请个好大夫

2003.5.30

奔跑者

他一生都在奔跑
两手空空
他跑得太快,一路上
他不断被减少
骨头们也纷纷离开他
他快要支撑不住了
但他还在奔跑
最后飞起来了

2003.3.9

除夕,越来越多的雨

越来越多的雨向我拜年了
越来越多的雨要回家吃我做的年夜饭了
如果他们不来,我做的饭会夹生
我好多年没有如此激动
我把院子打扫得一干二净
雨络绎不绝地走进来
雨和我互相鞠躬,祝福

我要开始做饭了
如果我有一个妻子
她和我一样欢迎着雨
我们也把燃烧着的炮仗插入泥土中
我们配合得那么默契
要邀请所有孤单的雨来吃年夜饭

2003.1.31

辑五 那人不说话

2002→12 首

他们一直在劳作

他们一直在劳作
偶尔发出惊讶的叫声：
蚂蟥！该死的蚂蟥！
其他人立起身子
很同情地看着他，笑笑
然后弯下腰
继续把秧苗飞速地插入泥水中
几天之后，日子变得翠绿
在冬天，他们将围着一盆原始的炭火
开始唠叨
他们的人生，最刺目的部分
只有几个花生壳掉进炭盆里
不时升腾起瞬间的火苗

2002.11.13

当我散步的时候

当我散步的时候
看到一个老人,经过街心花园
他停留了下来
用手抚摸着香樟树,像极了我的爷爷
一只小狗从他身边跑过
拖着小小的影子。他笑容可掬
他不时抬起头,看看正在升起的太阳
轻轻地哼起了小调
——我走过他身边时
对他说了声:早

2002.11.13

生活在杭州

我终于宣布：
杭州，是一个傀儡
一包劣质的茶叶便贿赂了好天气
杭州站在我面前，不穿衣裳
戴着丝绸做的肚兜
它说：
来，送给你一首诗
外加一个温柔的女人
它丢掉了枪支，一招手
就消灭了所有的革命军

杭州。杭州

趁着秋天，可以发动一根火柴
发动秋后的蚂蚱
和平演变注定要失败

只有在深夜里，我梦见
成群结队的北方汉子来到杭州
向白净的男人兜售蒙古马刀

高原的风吹向杭州
人们渐渐晕头转向

2002.11.3

我必须向蚂蚁致敬

他们不发出声音
从我的脚旁缓缓爬过
他们那样可疑
像一堆堆蘑菇,沾着露水
我差点以为他们要建立什么理论

他们多么安静
当我经过他们的时候
手里还挥舞着号角
后面跟着我庞大的家族
密密麻麻的旗帜
像即将恶劣的天气

天气要变了呵
他们并不理会我的警告
把我和我的军队抛在身后
他们不事张扬
他们去向不明

2002.7.27

没有脾气的南方

在南方，你所碰到的
都是些飘逸的形容词
它们的体内充满雾水
温暖而柔和，没有脾气

在南方，你不会碰到锐利的语言
如果有人半路抢劫
那必定是来自北方的逃犯

2002.1.29

女 兵

阳光灿烂的日子
她们的哲学在胸脯上张扬
有时候,男教官听到了她们内心的猫叫
一抹红在他刻板的脸上一闪而过
她们见状,放肆地笑了
露出同样白的牙齿

2002.1.29

一棵树

一棵树在野外站着
孤独着，营养不良
不知疲倦的风
以及雨夹雪
携带着黄沙吹过来
但它们并不吹来厨房
不吹来香水

一棵树，终日像诗歌一样站着
被太阳晒着
赶路的人在树下歇过脚后
便舒服地站起身，拍拍屁股
头也不回地走了

2002.1.28

拉二胡的老人

他的二胡拉得很出色
并出色地娱乐过女人和庄稼
但当家乡离开他的时候
他的命运已成定局
他别无选择
他必须继续把日子
拉长，继续把内心的蝴蝶
一只只拉出来
他渴望并且相信
在某个可爱的夜晚
会有一群年轻的蝴蝶
从四面八方飞出来
对他手中的二胡产生浓厚的兴趣

2002.1.29 给大学时宿舍管理员吴大伯

斜 坡

我要赞美的是一道
在秋天孤独着的斜坡
它最初可能是一座巍峨的高山
因为爱情而出走
它也可能是
一个深不可测的湖泊
一片沙漠,一个战场……

在秋天,风会吹过斜坡
会吹开沙土下一个木盒
吹起骨头中的音乐
而在春天,更温柔的风
携带着脂粉
也会一路吹将过来
但孤独的斜坡
更多的时候,像弱智者的童年
寸草不生。那音乐
在骨头中停止了呼吸

2002.1.21

那人不说话

那人站在山的最低处
不说话
山谷幽静，没有人会听见
可以把说过的再说一遍
把没有说的
痛快地说出来。甚至可以让爱
泉水一样倾巢而出
但那人不说话
看着翠绿的树木，一棵棵
排着队倒向天空

2002.1.21

夜 晚

夜晚并不漫长
它从发生到消失
像闪电，爱情
像一个人从平安大道拐角处走出来
被一辆汽车撞飞

2002.1.21

一切都将成为过去

稻草人腐烂在泥土中
你站在田间倾听水声的姿势
象征着什么呢?

把走过的路再走一遍是可能的
把爱过的人再爱一次是不可能的

一切都将成为过去
但我们还是频频举杯
假装把自己灌醉

2002.1.21

评说 → 我所了解的胡人

炭马

野外诗社成立十一年了，而我和胡人相识已十六年。这十余年间，兄弟们切磋诗艺，关心彼此，时间成了最好的粘合剂。作为“野外”的发起人和组织者，这十余年的胡人，是大家所熟悉的，而“野外”之前的那个胡人，我或许略多知一二。就借此文钩沉一番，说说我所了解的那个胡人吧。

一、肖向云

“肖向云”是胡人的本名，这个名字第一次进入我的眼睛，是在学校《青年报》上一首名为“桂花魂”的诗歌标题下面。其时正是江南九月桂子飘香时节，在馥郁柔软的香气中读到的这些优美流转的诗句，让我深信这个名字是属于一位女性的。那是1997年的9月，我刚刚带着大学录取通知书来到杭州，随身携带一册薄薄的诗稿。

随后的一个月里，这个名字在学校的各大报刊频频亮相。我默默地关注着，我有找到同道的小小的兴奋，并且暗自下工夫写作，但一直没有当面交流。直到一次系里的新生活动，才得见其人，一个身形有些柔弱但眼睛炯炯有神采的男生，与先前读到的那些诗句若即若离，但又隐隐觉得其间有某种气质的天然联系。边上同学说起，你们两个都是写诗的，我挤在人丛里，好像没有动，他主动走过来，说你也写诗啊之类，这才算是认识了。

此后很长一个时期,在我写作的时候,肖向云都是我的参照对象。那时我希望,当我从某份校园刊物上读到他的诗时,他也会从另一份刊物上读到我的,有点暗暗较劲的意思。这也许是当时我们之间最直接有效的诗歌交流了。不过,他写得总是比我快,比我多。

有一天晚上,闲来无事,我逛到肖向云的寝室,他正好在他上铺的床上整理东西,见我进来了,就拿出正在整理的一份东西给我看,原来是他刚收到的一份地方报——云南的《西双版纳报》,上面有他发表的诗作。我对这个遥远陌生的地方油然而起的兴趣,让我们开始聊起各自的中学生活,我开始了解到他远较我丰富的生活经历和久远的写作经验,心里多了些感佩的成分。

此后,作为中文系的诗歌兄弟,我们的交流多了起来。彼时,肖向云在飞来峰文学社,我则在编中文系刊《博雅》,我们常互相约稿,但总是他发我的诗歌更多一些。有时,我们两个也会到男生食堂边上的"美食街"小酌两杯,用花生米、酱爆螺蛳和诗歌下酒。

二、行者

大三的样子,肖向云开始用"行者"的笔名。我猜他可能觉得本名过于女性化了,而"行者"这个笔名可以避免误解(特别是女读者)吧。因为有几次喝酒,他会吹嘘有女读者给他写信之类的事,我也的确在一些刊物上看到过他发表的诗歌后面都附有通讯地址,所以宁可信其有了。

这些当然多半是玩笑话。其实校园诗人"行者"在浙大校园里的确搞出了很大的动静,可以说是一个名副其实的诗歌"行者"。我所知道的校园诗人行者早在大一就摘得了当年大学校园文学大奖赛诗歌组的一等奖,大二时就获得了《诗神》(《诗选刊》前身)主办的全国新诗大奖赛的二等奖,大三出版了个人诗集……在诗歌活动方面,行者展现出了超强的组织联络能力,不仅执掌了学校影响最大的飞来峰文学社，还当上首任浙大文学联合会主席，组织“首届在杭高校诗歌朗诵会”，组织全省校园文学大奖赛……

当然，行者在校园诗歌写作以及诗歌活动组织方面展现出的才华和能力早已超出校园诗人的范畴。行者的确是一个行动派，他的表现远远超出了一般意义上的校园社团负责人。至少，在当时自诩安静写诗的我看来，行者弄出的动静未免大了些，那些活动充其量也就是热闹而已，在这点上，我们有一些歧见。现在看来，这更多是我的浅陋。在校园诗歌和校园文学日益孤绝的时期，正是行者不遗余力地奔走相告，广泛联络，让一大批文学爱好者聚在一起（也是“野外”的基础），在孤独的写作路上同声相应。这是比仅仅满足于独自写出一两首诗作更有意义的事情。

行者从遥远的湖南衡阳老家一路走来，和我一样怀揣着薄薄的诗稿。四年的大学生活，让他从一个羞涩稚嫩的学生，成长为一个出色的校园诗人、出色的活动家，这是多么奇妙的跳跃啊。当然，这其中有他的热爱、天分和努力。

三、胡人

“野外”十年，胡人的友爱、干练、认真、领导力深孚众望。“野外”成长过程中的诸般苦乐，胡人也该是最深知其味的了。

有关“野外”几个兄弟的汇聚过程，偷点懒，借用媒体的一段报道：

2001年的冬天，胡人突然接到大学时的诗友江离的电话：“老肖，还写诗吗？我们一起搞点事吧。”

目前在浙江大学哲学系读研的江离曾住在胡人的对门寝室，但大学四年，喜欢一个人默默地写诗，所以他们之间几乎没有交流。

胡人当时很惊讶，但紧接着是一种兴奋。

“一起搞点事”就是建立一个诗歌圈子。胡人想起毕业后在杭州某中学当语文教师的炭马，当时与他并称中文系的两杆枪；还有同样毕业于浙江大学现在杭州某公司工作的文学青年飞廉。后来还有在网上认识的“著名”新诗人楼河，以及笔名叫古荡的浙大二年级学生。六个年轻人走到了一起。

当时这个事情的启动并非一呼百应，特别是我这样散漫的人的参加，其中多半是胡人的极力鼓动和积极奔走联络之功，最后设具已毕，我不过是上去加了个座而已。这也好比山寨起事，我连投名状都没拿就坐上了开启山林者的交椅，惭愧惭愧。

“胡人”这个笔名大概是在“野外”草创期间开始使用的。说起“野外”兄弟们的笔名，也是很有意思的一件事。比如说“泉子”就很好理解，因为他的本名中有一个“泉”字，且与泉子恬淡温和的形象澄明的诗思颇为契合；还有“飞廉”，据他自己说是因为喜欢诗人戴望舒，所以取了《离骚》里的一句，“前望舒使先驱兮，后飞廉使奔属”，心有所向，而飞廉的形象亦有古名士之风貌，诗如其人，风神散朗，非常贴合。

一个笔名，或许未必要有什么特别的深意，但一个作家或诗人他选取某个字眼作为自己作品的标记，冥冥之中会有一些气质性的关联。但从“肖向云”到“胡人”，可以说是走过了一千一万里路了。最初的一些时间里，大家都不大能将“肖向云”和“胡人”挂起钩来，也难以理解为什么要用“胡人”这样一个充满异质性且带有攻击性的名词作笔名。据胡人自己解释，“胡人”有两重含义：一则他是湖南人，谐音好记，二是胡人在古代是异族，取其桀骜不驯之意。

我记得他大学毕业前写过的一首《生活在杭州》，其中有这样的句子：“只有在深夜里，我梦见 / 成群结队的北方汉子来到杭州 / 向白净的男人兜售蒙古马刀 / 高原的风吹向杭州 / 人们渐渐晕头转向”，胡人无疑是热爱杭州的，但他对“来，送给你一首诗/外加一个温柔的女人”的生活抱有某种自觉的警惕，因为这样的生活将直接导致“丢掉了枪支，一招手/就消灭了所有的革命军”的严重后果。显而易见的是，胡人在杭州生活日久，生活日渐安稳，但他骨子里“不吃辣子不革命”的故乡湖南对此发出了天然的预警。所以，看上去文质彬彬的胡人在温柔的杭州注定不会去写一首温柔的诗。

这一点决定了胡人的诗歌必定不会仅仅安于个人平静安稳的小生活，他自有他的大怀抱。

翻看胡人这十年来的作品，能够清晰地发现他独特的诗歌发声。我以为在胡人的诗歌中，有着一种可贵的“异质”和“硬质”的东西，就是他对现实始终保有的一份正直的警惕。这种警惕让他的诗歌显得不是那么机灵、漂亮，但有可贵的朴实和较真。他的相当多诗篇似乎带有他作为一名记者“铁肩担道义”的职业惯性：

在平安夜，总统要发表好听的演说
要爱成千上万的公民
那负担，像蚂蚁，戴条金项链
——《平安夜》

红灯停，绿灯行
许多人并不尊重这些规则
他们的潜意识里还是个军阀
以为有了枪杆子
就可以击毙在他前面唱歌的鸟
——《台风来了》

在他的诸多诗歌中，我们很容易就能读到一些长距离的意象，用一些社会角色色彩鲜明的名词构成某种反差和张力，强化疏离的效果。譬如“停电的夜晚/一根蜡烛成为花旦”，一只松鼠“有着古罗马皇帝的威严”，“这群无所事事的人 / 一个个像当过厂长”，“粮食增产 / 我们吃下去，像外交部长一样聪明”，“在你被抢劫之前 / 你与劫匪没有什么区别”。这样的譬喻单独来看，显得突兀，不够准确。不过，胡人能够很好地把这种间离的效果和诗歌的整体意图结合起来，如同一根刺，引人警觉。

偶然间翻到胡人早在十年之前的一篇诗歌评论，他认为“作为社会人，诗人是‘在场者’，尤其在这个信息化的社会里，诗人的在场性更为明显。在这样一个时代，不可能再出现顾城式的来自自然和天堂的声音。”(《为诗辩护》)令人感慨，在我还纠缠于诗歌要抒情还是叙事的时候，胡人早已超越了这些细枝末节的问题，他明确了自己的“在场”的诗人身份，所以把诗歌写得这般素朴和硬朗。

生活中的胡人朴实低调，默默做事，对他认定的人和事，坦诚相见，古道热肠，对阴暗龌龊之人和事，则从不待见，不愿折中。诗如其人，胡人的诗歌也爱憎分明，从不暧昧。对于美好的事物，他常常不吝赞美之词。比如他赞美自己的爱人是“桂花树下有仙女”，这样突兀不含蓄的表达，常常在野外沙龙上引来我们的批判。胡人不擅辩论，往往虚心接受，但不随便更改。在写给夫人林霞的几首诗歌中，这种热烈的赞美甚至带有某种皈依和朝圣的味道：“不论你的身体弯成什么样 / 都是好看的剧本 / 加上我的掌声 / 世界清明，五谷丰登”(《桂花树下有仙女》)；“黄昏，一场雨过后 / 太阳像一枚橘子 / 发出经文的光 / 厨房被照耀着 / 如一场开国大典 / 水槽里，蔬菜们露出年轻的脸 / 你抚摸着它们，像个母亲 / 是的，你有着广阔的胸怀 / 爱素食，盼望动物们回归自然”(《厨房之歌》)。似乎因了他俩的爱情，世界停止了吵闹而进入了庆典的宏大秩序。我每每读这些生辉的句子，会很好奇地想象胡人在林霞面前朗诵诗歌是一种怎样的语调，而林霞将带着怎样的目光和微笑来聆听。

胡人的爱情曾经是我们最关心的话题之一。有一次在泉子家做客，我们开玩笑说，胡人适合找一个“女仆”呢还是找一个

"女神",或者就找一个"女人",最后的结论是,胡人会找一个"女神"。后来,胡人果然找到了他的"女神","女神"是需要仰望的,依胡人耿直的性格,"倘若在三年前/我宁愿是一个土匪"(《桂花树下有仙女》),这种反差似乎会构成某种问题。不过,现在看来,这完全是多虑,胡人显然是甘心被爱情招安的了。

在"野外"新的十年里,胡人即将迎来人生的质变,他的诗稿里会有一些父亲之诗,它们将呈现出怎样的气息,我满怀期待。

窜改鲁迅先生名言"我睡去,感到生命之美丽;我醒来,感到生命之责任"送给胡人:

在家里,你感到生活之美丽;
在野外,你感到诗歌之责任。

跋→ 光芒从罅隙间涌入的一瞬

泉子

往往越是亲近的人，下笔的难度会越大。一种忠实的梳理往往需要一把锐利的刀子，但即使有一把锋利的刀片在握，恐怕又是无处下手的茫然与惶惑的，因为一种持续的友谊已将你们的生命浇筑在一起。

与胡人第一次见面应该是 1998 年，在我与杭州一批更为年长的诗人朋友组织的“九月诗人沙龙”上。这个沙龙从发起到解散大约只持续了短短几个月时间，最初的两期是在浙大西溪校区南门前的三联书店，然后很快转移到文三路上的枫林晚书店二楼。九月沙龙前后大约坚持了七八期，或许，并没有一个具体的事件促使这个短暂出现过的团体的解散。现在回想起来，缺少一个出色、并甘于奉献的组织者应该是一个最重要的原因。这也是“野外”结社十年，沙龙坚持了十年之后，我内心对胡人的感动与感激与日俱增的原因。我想如果没有胡人老管家般事无巨细地承担，“用略显笨拙的方式做着繁琐、不起眼的事”，“野外”就不可能有今天。如果没有“野外”这个团体带给我的温暖，我还会一直坚持写作吗？我想，这应该是肯定的，但同时，也一定会更加孤独。

生命中的事大多看似偶然，却都有着必然的线索。与胡人的相遇几乎是一见如故的。在我们见面的前几天，他恰好在一本当年的诗歌选本中读到一首我早年的习作——《路过殡仪馆》。这个偶然的交集，使得我们在第一次见面时就能放下各自的拘谨。或许，对这首诗歌的评价我们从一开始就有着分歧与落差的，如果不是他一次次的提起，这首诗歌怕是早已与我早期更多的习作一道被我遗忘了。但生命深处的温暖如一枚饱满的种子在我们对这首诗歌的交流与讨论中获得了肥沃的土壤。随后的十年，十五年，甚至更久远的岁月似乎都是顺理成章的，虽然我只虚长他三岁，而他却一直以兄长事我。九月沙龙解散后，我们一直保持着密切的交往。他当时还是浙大的学子，后来毕业工作，发起、组织野外诗社与沙龙，娶妻生女，无论诗歌与生活，大凡他觉得重大的事都来与我交流沟通，我也每每用心以待。多年之后，我同样感激于这样一份持久的信任。我知道，这份信任曾带给我怎样的温暖。

相对于胡人对我诗歌的关注，我对他的诗歌在某种程度上是忽视的。或许，是他作为一名优秀的组织者的形象太强烈了。直到最近，因一个特殊机缘，我得以系统地阅读他这十年的写作。我惊讶于我对身边的一种同样坚实的书写的漠视。或许，相对于“野外”其他的朋友，胡人的写作还呈现了与我有着最为相对应的坡度。譬如对质朴的信赖，对日常生活的关注，包括早年语言上的节制，以及随着岁月增长更为放松与自然的书写。我想，这样的一种对应，并非是一种语言或风格上的相互影响，而是我们对生命一种共通的理解与体悟。

记得在“野外”十周年的朗诵会上，我曾引用林霞的一段话来谈起胡人：“就像他主持‘野外’的日常工作，他不是最有亲和力、灵性的人，可他用略显笨拙的方式持久地做着繁琐、不起眼的事……岁月累积，这块粗看没有美感的拙石里隐隐透出丝丝玉的光泽。”每次重读这段文字时，我都会有一种深深的感激与感动。

那是一种如此强烈，但一直没能说出的感受，在你周围的朋友帮你说出的那一刻中的感动与释然。这感动还如你在一个密闭而被黑暗充满的屋子里，一块砖石松动或脱落后，光芒从罅隙间涌入的一瞬。

后记 → 因为对美的向往

胡人

1992年，我16岁，因为对美的向往，我开始读诗、写诗。

诗歌不仅带来了美，也让我学会了如何面对这个孤单的世界。

1997年，因为对美的向往，我来到西子湖畔读大学，结识了潘维、泉子等诗兄和诗友，继续在诗歌之路上探求。诗歌给我带来了更多的美，也让我如何面对这个繁芜的世界。

2002年，我和江离、楼河、炭马、飞廉、古荡等诗友一起创办野外诗社和《野外》诗刊。十余年来，以诗会友，其乐融融。事实证明，健康的集体主义，让人欢喜，让人进步。

2010年，我又有幸参与创办《诗建设》诗歌季刊。这是一个更为广阔的天地，我享受了更深的美。

在杭州十多年，深受诸多前辈老师抬爱、关怀，朋友们帮助、包容，我均铭记在心，感激不尽。

是诗歌让我这个来自湖南的胡人渐渐平静下来，学会了如何面对这个不完整的世界。

现在，因为诗兄黄纪云的慷慨，有了这本诗集的出版。

这是我第二本诗集，选入了十余年的诗作六十六首，不论味道如何，感谢您的翻阅，并祝您欢欢喜喜，六六大顺！

2013年9月 杭州

新出图证(鄂)字 03 号
图书在版编目(CIP)数据
欢喜地 / 胡人 著
武汉:长江文艺出版社,2013.10

ISBN 978-7-5354-6880-2

Ⅰ.欢… Ⅱ.胡… Ⅲ.诗集—中国—当代 Ⅳ.I227

中国版本图书馆 CIP 数据核字(2013)第 185133 号

责任编辑:沉 河　　责任校对:陈 琪
装帧设计:胡 人　　责任印制:左 怡 包秀洋

出版:长江出版传媒 | 长江文艺出版社
地址:武汉市雄楚大街 268 号　　邮编:430070
发行:长江文艺出版社
电话:027-87679360
http://www.cjlap.com
印刷:杭州恒力通印务有限公司

开本:640 毫米×970 毫米 1/16　　印张:7.125　插页:2 页
版次:2013 年 10 月第 1 版　　2013 年 10 月第 1 次印刷
行数:2696 行

定价:28.00 元
